1,000,000 Books

are available to read at

www.ForgottenBooks.com

Read online
Download PDF
Purchase in print

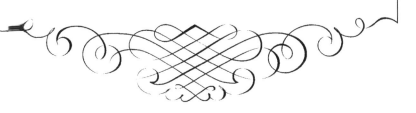

ISBN 978-1-5285-9856-9
PIBN 10966222

1 MONTH OF
FREE
READING

at

www.ForgottenBooks.com

By purchasing this book you are
eligible for one month membership to
ForgottenBooks.com, giving you
unlimited access to our entire
collection of over 1,000,000 titles via
our web site and mobile apps.

To claim your free month visit:

www.forgottenbooks.com/free966222

English
Français
Deutsche
Italiano
Español
Português

www.forgottenbooks.com

Mythology Photography **Fiction**
Fishing Christianity **Art** Cooking
Essays Buddhism Freemasonry
Medicine **Biology** Music **Ancient
Egypt** Evolution Carpentry Physics
Dance Geology **Mathematics** Fitness
Shakespeare **Folklore** Yoga Marketing
Confidence Immortality Biographies
Poetry **Psychology** Witchcraft
Electronics Chemistry History **Law**
Accounting **Philosophy** Anthropology
Alchemy Drama Quantum Mechanics
Atheism Sexual Health **Ancient History**
Entrepreneurship Languages Sport
Paleontology Needlework Islam
Metaphysics Investment Archaeology
Parenting Statistics Criminology
Motivational

Le Tarif

ET LA

Prospérité Nationale

Mémoire présenté au Gouvernement du Dominion
par l'Association des Manufacturiers
Canadiens, le 13 Janvier
1911

Le Tarif

ET LA

Prospérité Nationale

Mémoire présenté au Gouvernement du Dominion par l'Association des Manufacturiers Canadiens, le 13 janvier 1911

La délégation de la "Canadian Manufacturers' Association" qui s'est présentée au gouvernement du Dominion, à Ottawa, le 13 janvier 1911, a été reçue par le Très Honorable Sir Wilfrid Laurier, G. C. M. G., premier ministre et président du Conseil; le Très Honorable Sir Richard Cartwright, G.C.M.G., ministre du Commerce et de l'Industrie; l'Honorable M. Sydney Fisher, ministre de l'Agriculture; l'Honorable M. Frank Oliver, ministre de l'Intérieur; l'Honorable M. W. Pugsley, ministre des Travaux Publics; l'Honorable M. Geo. P. Graham, ministre des chemins de fer et canaux, et l'Honorable M. W. L. McKenzie King, ministre du Travail. M. D. A. Gordon, député de Kent Est, a présenté la délégation dans les termes suivants:

"Sir Wilfrid et Messieurs les membres du gouvernement:—

Je vous assure que je considère non seulement comme un plaisir, mais encore comme un privilège l'occasion qui m'est offerte de vous présenter cette très importante délégation de la "Canadian Manufacturers'

Association" qui représente des industries de tous genres éparpillées par tout le Canada, de Sydney à Vancouver. Pour cette présentation je n'ai pas l'intention de dire plus d'un mot, mais je parlerai brièvement du développement phénoménal dont, grâce au tarif stable de ce gouvernement, ce pays a bénéficié durant les quinze dernières années. Nous pouvons nous flatter aujourd'hui d'atteindre un chiffre total d'affaires commerciales d'environ un milliard de dollars; d'avoir dans nos banques incorporées pour près d'un million de dollars de dépôts, dont une grande partie doit être placée dans des entreprises industrielles et commerciales. Nous pouvons aussi être fiers en fait que les membres de l'Association représentés par la présente délégation ont, depuis 1909, placé trois quarts de milliard de dollars dans les entreprises qui produisent le développement du pays. Ces faits non seulement enthousiasment les Canadiens, mais ont fait naître l'envie dans le monde entier et ont appelé sur le Canada l'attention de presque tout le monde. Et, puis-je ajouter, je crois que les hommes qui ont guidé le char de l'Etat avec tant de succès et d'une façon si progressive sauront légiférer à l'avenir pour le peuple comme ils l'ont fait jadis. J'ai maintenant le plaisir de vous présenter M. W. H. Rowley, président de la "Canadian Manufacturers' Association".

M. W. H. ROWLEY.

"Sir Wilfrid.—Les hommes, dont est composée la délégation qui a l'honneur de se présenter à vous ce matin, sont des membres de la "Canadian Manufacturers' Association" qu'ils représentent ici. Et cette association peut à bon droit prétendre qu'elle représente les opinions des manufacturiers de tous genres et de toutes les parties du Canada.

"Bien que nous n'ayons pas encore l'avantage d'avoir sur nos listes les noms de tous les manufacturiers canadiens, il est facile de prouver que ceux qui, par leur appui, ont ouvertement proclamé leur sympathie pour les principes que nous défendons représente soixante-quinze pour cent du capital placé dans des entreprises manufacturières canadiennes. J'ajouterai que plus de soixante dix pour cent de nos artisans et de nos travailleurs gagnent leur vie dans ces entreprises.

"Vu que, fréquemment, notre Association a eu l'infortune d'être mal comprise et d'être l'objet de faux rapports, relativement, surtout, au prétendu égoïsme dont seraient entachées certaines de nos actions, j'ai pensé qu'il était bon de faire précéder le Mémoire que nous vous présentons ce matin d'une brève déclaration expliquant quelques-unes des raisons de notre existence.

"D'abord, permettez-moi de dire que si le besoin de diriger l'opinion publique, pour qu'elle appuie la politique de la Protection Pratique, peut avoir été, il y a quarante ans, la cause première de la fondation de notre Association, nos intérêts et notre activité à ce sujet sont depuis longtemps égalés, sinon surpassés par d'autres très légitimes.

"Pendant des années nous avons été engagés dans une campagne persistante dont le but était la réduction du coût de l'assurance, l'amélioration du caractère de nos risques et la diminution des dangers d'incendie.

"Nous suivons avec soin toute législation, fédérale et provinciale, et bien que nous prenions rarement l'initiative de faire adopter quelque loi, nous nous efforçons d'empêcher qu'en vertu des lois réclamées par d'autres les intérêts des entreprises manufacturières ne soient pas foulés aux pieds.

"Nos travaux ont produit de nombreuses améliorations dans les conditions du transport, dans l'arrangement et la classification des marchandises, qui sont maintenant plus équitables; nous avons obtenu une excellente formule de connaissement, la suppression de taux de faveur injustes et, en général, la diminution du taux de transport du fret.

"Nous avons aussi travaillé pour la cause de l'Education, afin d'obtenir dans les écoles canadiennes des améliorations qui permettront à nos artisans d'acquérir les connaissances et l'expérience nécessaires à l'accomplissement des devoirs de leurs métiers, et qui finalement mettront à leur portée.

"Nous avons toujours refusé de nous engager dans aucun mouvement douteux. Nous n'avons ni sympathie, ni rapport avec les "trusts" et les "combines". Les bureaux de l'Association ne servent pas et n'ont jamais servi à encourager des ententes commerciales illégales, ni à faire maintenir indûment des prix. Au contraire, notre travail est toujours légitime et de nature, croyons-nous, à contribuer à la stabilité des affaires en général, ce dont bénéficie directement le Canada tout entier.

"J'ai l'honneur de vous présenter M. T. A. Russell, président de la Commission du Tarif de la "Canadian Manufacturers' Association", et je vous prie d'écouter avec attention le Mémoire qu'il va avoir l'honneur de vous lire."

M. T. A. Russell a ensuite présenté le Mémoire suivant:

Au Très Honorable Sir Wilfrid Laurier, G.C.M.G.
Premier ministre et président du Conseil.

Les membres de la "Canadian Manufacturers' Association", au nom de qui nous nous présentons aujourd'hui devant vous, désirent d'abord vous remercier de l'occasion qui leur est offerte de vous exposer leurs idées sur la question de l'amélioration des relations commerciales entre le Canada et les Etats-Unis, et de vous faire connaître d'une façon plus détaillée que la chose ne leur a été permise en de précédentes occasions, leur attitude au sujet de la politique actuelle du Dominion relative au tarif.

Hommes d'affaires qui, tous, ont été instruits à l'école de la concurrence et qui, vu la nature même de leurs occupations, ont dû cultiver jusqu'au plus haut point leurs facultés d'observation, ils ont surveillé avec un intérêt plus qu'ordinaire le retour, dans la vie de notre jeune nation, d'une crise qui, causée par le renouvellement de l'agitation en faveur de la réciprocité avec les Etats-Unis, pourrait conduire à un tournant de leur histoire les destinées commerciales et industrielles du Canada. Si, jusqu'à présent, notre Association ne s'est pas prononcée officiellement sur un sujet qui est, évidemment, d'une profonde importance pour toute espèce d'entreprise manufacturière canadienne, c'est parce que nous avons envisagé la situation avec plus ou moins de tranquillité, sûrs que nous étions que la sagesse qui a caractérisé la direction de la politique de tarif du Dominion depuis trente ans nous ferait sortir sains et saufs de la situation présente.

Bien que la perspective de la réciprocité ait déjà causé quelque malaise dans les affaires, notre confiance reste encore entière.

Mais de crainte que nos voisins ne soient portés à insister dans leurs demandes auprès de votre gouvernement, dans l'espérance de trouver de ce côté de la frontière un élément considérable de notre population favorable à leurs vues, nous profitons de l'occasion présente pour vous assurer que les intérêts au nom desquels nous pouvons prétendre parler, intérêts représentant approximativement $1,200,000,000 de capital, $1,000,000,000 de production annuelle, fournissant de l'emploi à 435,000 artisans et travailleurs et distribuant annuellement $250,000,000 de salaires, sont opposés, en la présente conjoncture, à tout arrangement réciproque du tarif, entre les deux pays, qui pourrait rendre nécessaire l'abaissement du Tarif de Douanes Canadien sur les produits manufacturés. Ils sont convaincus que toute réduction serait nuisible aux industries directement affectées, et causerait indirectement du tort aux intérêts du Canada et, conséquemment, de l'Empire tout entier.

Comme Canadiens, ils considèrent l'époque présente comme inopportune pour les négociations d'un Traité de Réciprocité (Voir l'Appendice 1). Les entreprises des Etats-Unis sont développées au plus haut degré en ce qui concerne le capital, la spécialisation des produits et l'importance des opérations. Vu leurs marchés restreints les entreprises canadiennes ne sont pas encore aussi développées, et il leur serait évidemment impossible de supporter la concurrence qui, inévitablement, suivrait les réductions du tarif canadien actuel.

Les Etats-Unis sont peut-être prêts pour la réciprocité, mais le Canada n'est pas prêt. Déjà les Etats-Unis jouissent d'une situation enviable dans le commerce international. Les produits soumis aux droits exportés de ce pays au Canada sont admis sur paiement d'un droit moyen de moins de 25 pour cent, tandis que les Etats-Unis, afin d'encourager et de protéger leurs propres industries, ont imposé un droit de 43 pour cent en moyenne. Il en résulte une exploitation trop profitable du marché canadien par le peuple des Etats-Unis, comme le prouvent les statistiques commerciales canadiennes. (Voir l'Appendice 2). En outre, les exportateurs canadiens sont sérieusement embarrassés par le manque de facilités, aux Etats-Unis, pour transiger les affaires de douane et par des règlements onéreux exigeant des droits d'entrée, des certificats consulaires, etc., dispendieux. Le Canada a rendu les choses faciles pour l'exportateur dés Etats-Unis en établissant un port d'entrée dans presque chaque ville de quelque importance, tandis que, pratiquement, les uniques ports d'entrée des Etats-Unis, sont sur la frontière, où il faut payer le droit. (Voir Appendice 3).

Si une entente commerciale réciproque comprenant les produits manufacturés était conclue maintenant avec les Etats-Unis, ce dernier pays aurait un immense avantage. Les produits manufacturés canadiens ont été exclus des Etats-Unis, à cause du tarif élevé, et sont, par conséquent, presque inconnus des consommateurs de ce pays. D'autre part, le tarif canadien étant plus bas, les produits manufacturés des Etats-Unis se vendent beaucoup au Canada et sont bien connus du peuple canadien.

Les Canadiens ont placé de fortes sommes d'argent dans les entreprises industrielles existantes, et pour tous les intérêts dans l'agriculture, les pêcheries, les industries forestière et minière, la banque, le transport, etc., la continuité de leurs opérations est une question vitale.

Croyant au maintien de notre tarif, particulièrement comme une protection contre la concurrence des Etats-Unis, des capitalistes Anglais ont, ces dernières années, placé de fortes sommes d'argent dans les entreprises canadiennes. Des capitalistes français et d'autres pays d'Europe commence à suivre leur exemple. Mais l'adoption d'un Traité de Réciprocité avec les Etats-Unis, arrêterait sans aucun doute l'entrée du capital qui est nécessaire à la continuation du développement de notre pays. (Voir Appendice 4).

Le tarif canadien actuel, quoique modéré, a déjà porté un grand nombre de manufacturiers des Etats-Unis à établir en ce pays des succursales de leurs fabriques, ce qui a fait augmenter notre population par l'emploi d'ouvriers (within our own borders) et créé un important marché domestique pour les produits de nos fermes. La Réciprocité tuerait ce mouvement qui n'est encore que dans son enfance. Il serait évidemment impraticable pour un manufacturier de monter des fabriques de ce côté de la frontière, afin d'approvisionner un marché de 100,000,000 de personnes quand 90 pour cent de ce marché pourraient être supprimés d'un moment à l'autre par la terminaison du traité. (Voir Appendice 5).

Le Canada est riche en matières premières: forêts, champs, mines et pêcheries. Si ces derniers sont ouverts aux Etats-Unis, et exploités avec l'extravagance qui a caractérisé l'usage que ce pays a fait de ses propres ressources, ils seront épuisés en quelques années. Le Canada, avec sa population qui augmente sans cesse, ne devrait pas permettre que sa ma-

tière première soit exportée à l'état brut: il devrait la transformer dans
le pays, créer des industries diverses et puissantes et distribuer dans le
monde entier les produits manufacturés du travail canadien.

Les lignes de transport canadiennes s'étendent dans l'est et l'ouest.
Le peuple canadien a fait et fait encore de grands sacrifices pour les cons-
truire, afin d'encourager le commerce entre les provinces et avec le Royaume
Uni. Cet énorme placement de fonds ne devrait pas être mis en péril par
un traité de réciprocité qui attirerait le trafic vers le sud, au bénéfice des
lignes de transport des Etats-Unis et aux dépens des chemins de fer et
des paquebots canadiens. Aucun traité de commerce étendu ne devrait
être conclu avec les Etats-Unis, à moins que nous soyons disposés à abandonner le Transcontinental National avec tous les millions qu'il a déjà
coûtés et prêts à renoncer à l'idée de creuser le canal Welland, de cons-
truire le canal de la Baie Georgienne, le chemin de fer de la Baie d'Hudson
et des élévateurs assez vastes pour répondre à nos besoins à Montréal et à
Vancouver. (Voir Appendice 6).

Au sujet des négociations relatives à une entente commerciale réciproque qui, dans son application, serait limitée à l'échange de produits de
la ferme non manufacturés, les membres de la "Canadian Manufacturers'
Association" hésitent à exprimer une opinion. Cependant nous ne pouvons
nous empêcher de rappeler aux cultivateurs les amers désappointements
qu'ils ont éprouvés jadis, quand leurs propres marchés ont été envahis par
les produits venant des Etats-Unis et quand l'accès des marchés de ce dernier pays leur a été fermé sans avertissement, par l'établissement de droits
prohibitifs ou l'abrogation de traités existant. Quand le tarif McKinley,
avec ses 30 cents de droit par boisseau d'orge, fut annoncé, en 1890, un
grand nombre de cultivateurs d'Ontario et de Québec se sont vus près de
la ruine. Puisqu'il semble être impossible, sans une union politique ou, au
moins, commerciale, d'être à l'abri d'une telle éventualité, d'après les négociations en cours, nous ne pouvons qu'exprimer la crainte que les avan-
tages que donnerait à nos cultivateurs une entente commerciale avec les
Etats-Unis serait bien loin de leur apporter la réalisation de leurs désirs.

Au point de vue des affaires, c'est évidemment une mauvaise mesure
pour nous, comme nation, que de dépenser de l'argent pour nous procurer
des marchés qui n'ont aucun caractère de permanence, surtout quand les
occasions d'établir des relations qui possèdent ce caractère essentiel se
présentent de tous côtés. Et dans ce cas nous demanderons sérieusement à
nos cultivateurs s'il ne vaudrait pas mieux pour eux d'abandonner la re-
cherche de la réciprocité avec les Etats-Unis et de continuer à travailler
à l'établissement de marchés dans le pays et l'Empire, marchés dont ils ne
seraient jamais exclus selon la volonté de quelque puissance étrangère.

Le marché domestique est, indiscutablement, le meilleur pour le cultivateur. En dépit de la légèreté avec laquelle certains éminents auteurs agricoles ont traité le sujet il est de fait — et ceci peut être prouvé de plus
d'une façon — qu'au moins 80 pour cent de tout ce qui pousse dans la
ferme est consommé au pays. (Voir Appendice 7).

Au lieu d'être obligé de vendre ses produits, en supportant de lourdes dépenses ainsi qu'une vive concurrence, sur les marchés du monde, comme d'anciens cultivateurs le voudraient, le cultivateur canadien se trouve dans l'heureuse position de pouvoir convertir en argent, et à sa propre porte, les quatre cinquièmes de ses produits. Mieux encore: pour certains articles, et, particulièrement, dans l'Ouest, la demande sur le marché local est telle que nous devons importer des produits de la ferme. (Voir Appendice 8). Grâce à l'augmentation rapide de notre population le marché domestique continuera à augmenter d'importance et servira de débouché à ce que le cultivateur pourra fournir de mieux.

Nous croyons que, dans ce but, le tarif canadien devrait être établi et maintenu de façon d'encourager les capitalistes à placer de l'argent dans les entreprises canadiennes, et à faire manufacturer au Canada beaucoup des articles que nous importons encore d'autres pays et, particulièrement, des Etats-Unis. Quelque faute que l'on puisse trouver dans certains articles de notre tarif actuel celui-ci est un puissant facteur du développement de notre pays et de nos marchés domestiques. Nous espérons donc vivement qu'on ne le changera pas.

En exprimant cet espoir nous savons ne pas être d'accord avec les cultivateurs de grain de l'ouest qui, récemment, se sont présentés à vous. Nous croyons que ces messieurs étaient parfaitement sincères quand ils s'adressaient à vous; mais nous pensons aussi qu'ils avaient été mal informés: d'après un grand nombre de leurs déclarations ils semblent s'être basés sur des renseignements insuffisants ou inexacts. Nous désirons, par conséquent, offrir quelques explications qui, nous l'espérons, rendra notre position bien claire et évitera des malentendus futurs.

Il est erroné de considérer le tarif comme une faveur accordée à une classe privilégiée, laquelle leur permet de s'enrichir en imposant une corvée sur toutes les autres classes de la communauté; il est également erroné de parler des bénéficiaires de la protection.

L'ouvrier, le commerçant et le cultivateur bénéficient d'un tarif modérément protecteur tout autant que le manufacturier. Certainement, avec l'aide du tarif le dernier peut augmenter ses affaires et accroître son rendement, mais le point qu'il ne faut pas oublier est que chaque dollar qu'il dépense pour la main-d'oeuvre ou pour l'achat de matériaux signifie autant d'argent en circulation, et ainsi plus de bien-être entre les mains de la communauté en général.

Une protection modérée n'impose pas de tribut à aucune classe; au contraire, elle produit une condition de prospérité générale par laquelle chaque citoyen, y compris le cultivateur, reçoit sa part. Les déclarations que le manufacturier comprend dans son prix vendant tout l'impôt sont générales et faites sans aucune ombre de preuve. Ces déclarations peuvent être aisément réfutées tant et plus à la satisfaction de tout rechercheur impartial qui éxaminerait les faits tels qu'ils existent réellement. (Voyez l'appendice 9). La grande majorité des manufacturiers offrent aujourd'hui aux consommateurs des articles meilleurs qu'il y a vingt ans pour moins d'argent. Ceci est tout ce que l'on pouvait attendre, avec le système de concurrence saine qu'un tarif modéré produit régulièrement, et sur lequel on peut toujours compter pour tenir en échec tout désir de faire des profits immodérés.

Beaucoup de personnes sont trop facilement portées par un esprit soupçonneux à croire que la concurrence est éliminée, que les prix sont haussés par une entente entre les manufacturiers, accusation sérieuse qu'on ne doit pas porter légèrement à cause de sa gravité. Ceux qui portent cette accusation doivent se rappeler que les lois de notre pays donnent suffisamment le moyen de supprimer les combinaisons restreignant le commerce. Si on a recours à des moyens aussi illégaux, nous désirons déclarer franchement que l'Association des Manufacturiers Canadiens n'a aucune sympathie pour eux, et à ceux qui se sentent coupables, nous dirons que le remède est entre leurs mains. Les combinaisons n'ont aucun rapprochement avec la politique fiscale ou tarifaire, elles sont le résultat de la tendance moderne à s'organiser. L'Angleterre libre-échangiste est le chef dans la voie de la production des mergers industriels. On ne doit pas oublier toutefois qu'un grand nombre de combinaisons commerciales, qu'on nomme mergers ou trusts, sont parfaitement légitimes. Celles qui ont pour effet de améliorer la qualité, celles qui réduisent les prix par l'adoption de moyens de production et de distribution plus économiques, sont indubitablement autant dans l'intérêt du consommateur que dans celui du manufacturier.

Un autre point soulevé par les agriculteurs qui sont devant vous, est que la dépopulation des campagnes de l'est du Canada, et l'accroissement disproportionné de la population urbaine dans l'ouest, démontre clairement que l'agriculture n'est pas aussi prospère qu'elle devrait l'être. Ils donnent comme une des principales causes de cet état de choses qu'ils ne peuvent vendre leurs produits qu'à un prix moindre de vingt-cinq pour cent, par le fait qu'ils achètent leurs accessoires à des prix rendus élevés par le tarif. Nous avons l'autorité de M. Coats, rédacteur conjoint de la Gazette du Travail, dans son rapport des prix du gros en Canada, 1890-1909 (page 16), qui déclare que l'appréciation en valeur du grain et des produits animaux pour 1909, sur la moyenne de la décade 1890-1899, était plus grande que l'appréciation en valeur de toutes les autres denrées, à l'exception du bois et des fourrures. D'après la même autorité, les cultivateurs obtiennent 50 pour cent de plus pour leur grain, 48 pour cent pour leur viande, et 35 pour cent de plus pour leurs produits laitiers qu'ils recevaient il y a dix ans, tandis que pour les autres aliments, ils paient seulement 7 pour cent de plus, pour les tissus seulement 8 pour cent de plus, pour les instruments agricoles seulement 2 pour cent de plus, et pour effets d'ameublement dans lesquels le bois entre pour la plus grande partie seulement 10 pour cent de plus, tandis qu'ils paient moins sur un grand nombre d'articles fabriqués, tel qu'il apparaît dans l'appendice. On peut dire sans exagération aucune, que, un montant donné de la plupart des produits de la ferme achèteront 50 pour cent de plus d'articles manufacturés qu'il y a vingt ans. Toutefois, on peut expliquer le déclin rural, ce n'est certainement pas parceque l'agriculture est devenue moins profitable qu'autrefois, au contraire, le fait que les affaires n'ont jamais été aussi bonnes qu'aujourd'hui, étant donné l'axiome que la ferme est la base de notre prospérité nationale, démontre clairement que le cultivateur fait des progrès les plus satisfaisants. Le fait que des cultivateurs expérimentés des Etats-Unis, émigrent annuellement par centaines de mille vers l'ouest, le fait de les voir s'enrichir est la meilleure preuve de la condition améliorée du fermier canadien sur celle du fermier américain, même avec son marché plus grand. (Voir appendice 10).

Nous avons pris note de la suggestion des cultivateurs que la préférence à l'Angleterre devrait être augmentée immédiatement à 50 pour cent, avec prévision pour telles réductions supplémentaires des taux préférentiels de manière à établir un libre échange complet entre la mère-patrie et le Canada, dans l'espace de dix ans. La position de l'Association sur ce sujet a été défini dans la convention de Halifax en 1902. La résolution sur cette question a été approuvée à chaque convention depuis 1902, et se lit comme suit: "Tout en admettant que le tarif devrait être fait dans l'intérêt du Canada, il devrait néanmoins donner une préférence substantielle à la mère-patrie, et aussi à tout autre partie de l'Empire britannique avec laquelle une entente commerciale réciproque pourrait être faite, reconnaissant toujours que à tout évènement, le tarif minimum devrait toujours offrir une protection adéquate à tous les produits canadiens." Considérant les conditions présentes du Canada, nous sommes d'opinion que toute augmentation dans la préférence actuellement existante n'est pas à conseiller et mettraient en péril l'existence des industries canadiennes.

Par rapport aux manufacturiers, le tarif est dans la même position que les fermes expérimentales, l'inspection des grains, les élévateurs terminus, les facilités pour la congélation des viandes, l'expédition frigorifique, le chemin de fer de la Baie d'Hudson et une vingtaine d'autres choses sont en rapport avec l'agriculteur. Nous nous associons de tout coeur à la demande des agriculteurs en faveur d'une assistance fédérale pour leurs industries en vue de contribuer à leur avancement et à leur prospérité, confiant qu'une connaissance plus complète et meilleure de la situation aura pour effet de les amener à se joindre à nous afin d'obtenir la stabilité du tarif, l'extension de nos industries, et un marché domestique et impérial des plus fermes. (Voir Appendice 11).

Pourquoi les cultivateurs ne feraient-ils pas cela? Ils ne peuvent espérer de bénéficier constamment du sacrifice des autres industries en faveur de la leur.

Comme l'organisme humain, une nation se développe mieux par l'exercice ingiénique de toutes ses fonctions — par l'utilisation judicieuse de tous ses pouvoirs et de ses ressources.

Et comme la croissance de notre jeune nation se fait, nous devrions voir que son développement soit bien régularisé.

La nature nous a singulièrement favorisés, et sous le rapport de l'étendue et de la variété de nos ressources. En utilisant, en cultivant, et en améliorant, non-seulement une mais toutes ses ressources nous prenons le moyen le plus sûr de conserver la prospérité présente et le bonheur futur.

Et c'est pourquoi nous disons, monsieur, en terminant l'expression de nos vues que nous sommes opposés à toutes réductions tarifaires ou traités de commerce qui exercerait une influence incertaine sur les conditions de prospérité dont nous jouissons. Jusqu'à présent, le Canada a remarquablement bien fait. Notre population augmente par sauts et par bonds, nos voies de communication augmentent et s'améliorent, nos industries deviennent de jour en jour plus fortes et plus nombreuses, pendant que nos marchés deviennent rapidement un sujet d'envie pour l'univers. La route que nous suivons est tracée clairement devant nous, et, nous pouvons voir qu'elle est libre de toutes entraves qui pourraient arrêter notre progrès, mais qu'elle approche fermement de la grande porte impérialiste où sont concentrées nos espérances les plus belles.

Se détourner de cette route pour suivre des chemins miroitants dont les sentiers sont détournés et qui conduisent on ne sait où, paraîtrait seulement courir après un désastre, et nous vous prions conséquemment, de croire que le parti le plus sage est le maintien d'une politique que trente années ont prouvées être abondamment satisfaisantes, et par laquelle le Canada a bénéficié et dont l'influence semble devoir promettre à notre pays d'atteindre l'ambition la plus haute et le plus grand bien.

APPENDICE I.

Les exportations des produits manufacturés des Etats-Unis.

Un examen des statistiques du commerce des Etats-Unis, jette une lumière si intéressante sur les conditions présentes de ce pays, en faveur de la réciprocité avec nous. Pour les neuf mois finissant en septembre 1910, les exportations des produits domestiques de toutes sortes ont été de $1,193,321,512, desquelles $210,490,966 ont été manufacturés pour servir à l'industrie, et $401,684,694 ont été manufacturés prêts pour la consommation. Le total de ces deux années, $612,625,660, représentant 51 pour cent de toutes leurs exportations réunies. Mais ceci ne comprend pas les exportations de produits manufacturés de la classe connue sous le nom de "produits alimentaires en partie manufacturés" lesquels sont $180,159,193. Si nous regardons ce montant comme faisant partie légitimement de l'exportation des produits manufacturés, nous trouvons que les Etats-Unis ont exporté pour les neuf mois finissant en septembre dernier, plus de 66 pour cent des produits manufacturés.

Appliquant la moyenne des neuf premiers mois aux trois derniers, les chiffres desquels ne pouvaient être obtenus quand ce rapport a été préparé le ressort que les exportations de l'année pour les produits manufacturés prêts pour la consommation et pour l'industrie dépasseront le chiffre de $800,000,000. C'est un montant énorme pour l'écoulement duquel, et il ne peut y avoir de doute que la présente agitation aux Etats-Unis en faveur de la réciprocité avec le Canada, crée le désir d'ouvrir plus grand les marchés de ce dernier pays pour l'exploitation de leurs produits manufacturés.

En même temps, il nous permet de voir ce que l'avenir nous réserve si nous continuons à travailler à notre destinée industrielle d'après les principes indépendants.

APPENDICE II.

Balance de Commerce. — Canada et les Etats-Unis.

Pour l'année fiscale se terminant le 31 mars 1910, nos achats aux Etats-Unis, étaient de $223,501,809, leurs achats chez nous, de $113,150,778. Pour la dernière décade, les recettes en chiffres ronds, indiquent un montant d'importations des Etats-Unis de $1,600,000,000, d'exportations aux Etats-Unis, de $800,000,000. En d'autres termes, sept millions de Canadiens ont acheté deux fois autant des Etats-Unis, que quatre-vingt-dix millions de citoyens aux Etats-Unis ont acheté du Canada.

APPENDICE III.

Comparaison des Règlements de la Douane aux Etats-Unis et au Canada.

Pour illustrer les difficultés auxquelles les règlements des douanes aux Etats-Unis donnent lieu, dans le cas d'un manufacturier Canadien, essayant de vendre des articles sur ce marché, il peut être établi que les ports d'entrée de la douane aux Etats-Unis, sont placés à la frontière. Quand les marchandises sont consignées à un point intérieur du territoire, alors l'exportateur canadien doit requérir les services d'un courtier en douane jusqu'à la frontière, à moins qu'il n'accompagne lui-même son envoi jusqu'au point de destination, ce qui se fait dans le cours ordinaire des choses lorsqu'il s'agit de marchandises dont les droits de douane doivent être acquittés avant l'exportation.

Si l'envoi est évalué à plus de $100, l'exportateur doit présenter une facture à un agent consulaire des Etats-Unis, qui a juridiction sur le district où ses articles ont été manufacturés ou achetés. Le fait de se procurer ce certificat offre un sérieux inconvénient à ceux dont la place d'affaire est située dans une ville ou cité toute autre que celle où réside l'agent consulaire et les délais qui découlent de ce chef rendent souvent difficile pour l'exportateur de tenir son commerce en concurrence avec les maisons des Etats-Unis, qui ne sont pas ainsi "handicappées".

Le certificat consulaire coûte à l'exportateur, $2.50, (quelquefois, en plus, les dépenses de déplacement) sans compter les honoraires usuelles qu'il faut payer au courtier en douane de la frontière. Ces dépenses, presque tout le temps doivent être portées pour l'exportateur comme une partie du coût de transport. Ceci est plus de toute façon une quantité négligeable et cela est démontré dans le fait que deux maisons d'Ottawa ont ainsi payé, en envois l'an dernier, un montant totalisé de $7,700. Au fait, cette réclamation est faite par un peuple qui est en mesure de juger clairement, qu'une large portion sinon le prix entier du coût des services consulaires américains aux Etats-Unis, doit être porté par les exportateurs canadiens.

En plus de cela, le manufacturier américain qui exporte aux Etats-Unis, peut toujours expédier ses articles à destination dans un entrepôt sans frais ou tout ennui que ce soit, puisqu'on exige de lui aucune facture consulaire et que la moindre place dans ce pays a été constitué en port d'entrée de douane.

La différence entre les deux systèmes, place le manufacturier canadien dans un immense désavantage; de fait, il est si difficile et si dispendieux pour les Canadiens d'expédier des marchandises aux Etats-Unis, qu'il n'y a que ceux dont les affaires représentent des montants considérables d'argent qui croient bon de persister malgré tout.

APPENDICE IV.

Placements Anglais et Européens, au Canada.

Sur ce point, sir Georges Ross, dans un discours prononcé au Board of Trade, en novembre, dit:

"Le marché anglais a toujours été notre base d'approvisionnement pour chaque entreprise industrielle et nationale. Ce fut avec le capital anglais que nous avons construit nos chemins de fer et creusé nos canaux. Presque toute grande entreprise municipale au Canada, a été menée à bonne fin grâce aux emprunts à Londres. Le capital anglais construit maintenant deux grands chemins de fer transcontinentals. Il éclaire nos rues, établit des canaux d'égouts, construit des aqueducs et nous transporte d'un continent à l'autre. Durant les cinq dernières années, suivant le "Monetary Times", la somme de $605,453,856, a été placée au Canada, dont $97,500,000 dans diverses entreprises pour le développement du pays. M. Paish, une éminente autorité financière de Londres, dit que le Canada a absorbé £300,000,000 du capital anglais.

APPENDICE V.

Le Capital Américain dans les Industries Canadiennes.

Comme résultat de certaines enquêtes, menées par le "Monetary Times", de Toronto, et par la suite vérifiée et complétée par les officiers de l'Association Canadienne des Manufacturiers, il est connu qu'il y a actuellement pas moins de 200 compagnies manufacturières des Etats-Unis, qui ont en opération au Canada, des succursales, représentant un montant totalisé de $226,000,000. Pour cette abondance de capital, avec tous les bénéfices qui en découlent pour le Canada, nous devons remercier un tarif qui oblige ceux qui veulent nous vendre des articles de venir manufacturer ici. Si nous n'eussions eu un tarif de protection, ces manufacturiers auraient agrandi leurs manufactures chez eux pour prendre soin des affaires du Canada plutôt que de venir construire ici. Dans ce dernier cas, nous nous serions servis d'objets fabriqués avec du matériel américain et par des ouvriers américains, plutôt que d'articles fabriqués avec du matériel canadien et par des ouvriers canadiens.

Il est démontré par le passage suivant du discours du sénateur Beveridge que nos voisins considèrent cette politique comme une perte distincte à laquelle doit remédier la réciprocité.

"Il faut qu'il y ait réciprocité avec le Canada. Notre tarif avec le reste du monde ne peut s'appliquer avec notre voisin du nord. Cette politique a déjà entraîné des manufacturiers américains au-delà des frontières canadiennes, construit de vastes usines avec du capital américain, sur le sol canadien, employé des ouvriers canadiens pour alimenter le commerce. Ce capital devrait rester au pays, à employer des ouvriers américains pour répondre à la demande canadienne. Nous devrions admettre gratuitement la pulpe canadienne et le papier canadien en échange de nos instruments aratoires, de nos engins, de nos pompes et d'autres machineries reçues là-bas gratuitement. Nous devrions admettre gratuitement le bois canadien dans nos scieries américaines en échange de l'admission gratuite au Canada de nos produits manufacturés.

A cet effet, il est intéressant de mentionner le fait que certaines grosses maisons des Etats-Unis qui avaient acheté des sites au Canada, en vue d'y ériger des usines, ont suspendu leurs opérations en prévision de négociations futures, dans l'espoir que le tarif sera assez réduit sur les articles qu'ils manufacturent pour ne pas être obligés de déménager au Canada.

APPENDICE VI.

L'effet de la réciprocité sur les transports.

L'on peut conclure des remarques exprimées par les hommes publics qui ont conduit le mouvement de l'autre côté de la frontière, que ceci n'est pas seulement notre simple appréciation, mais l'une des préoccupations de nos voisins qui espèrent actuellement tirer avantage de la négociation d'un traité de réciprocité avec nous.

M. H. H. Whitney, de Boston, dans un article publié dans l' "Atlantic Monthly" d'octobre, émet l'opinion suivante.

"Si nous admettons le grain canadien en franchise, une grande partie de ce grain resterait pour la consommation dans notre marché domestique; une autre partie pourrait passer par nos ports pour se rendre à l'étranger. New-York, Portland et Boston, sont les débouchés naturels pour le commerce de l'Est canadien avec l'étranger. Les élévateurs pour l'emmagasinage et la manipulation du grain canadien, devrait être de ce côté de la frontière et les steamers du "Canadian Pacific" et du Grand Tronc Pacifique devraient, au moins en hiver, avoir leurs ports d'attache à Boston, New-York et Portland."

L'Hon. Eugène N. Foss, gouverneur de la Massachusetts déclare, que la politique qui a été en force, depuis nombre d'années aux Etats-Unis "a eu pour résultat de faire passer approximativement, $300,000,000 du capital américain au Canada, pour fonder des branches d'industries qui rivalisent avec nos propres industries sur les marchés étrangers. Cette politique a eu aussi pour résultat d'arrêter la croissance des industries du Massachussets et de la Nouvelle-Angleterre et de nous tenir en dehors des affaires et du commerce auxquels nous avons tous les droits. Cette politique a enlevé les grands chemins de fer canadiens de nos ports; elle a ruiné le commerce d'embarquement de nos côtes et a fait de nos quais des propriétés d'une valeur presque nulle."

APPENDICE VII.

Le marché domestique des fermiers.

Des différentes méthodes qui peuvent être employées pour donner de la valeur au marché local pour nos fermiers, pas une n'est entièrement satisfaisante, parce que nous n'avons pas les moyens nécessaires pour nous rendre compte d'une façon exacte du rendement de nos récoltes et dresser d'année en année les statistiques de nos bestiaux. Toutefois les exemples suivants sembleraient indiquer que ce renseignement: "80 pour cent de tout ce qu'elle a récolté sur la ferme est consommé dans nos propres frontières" est bien exact.

(1) Le bulletin des récoltes pour 1909 cote la valeur de tout le blé, des avoines et de l'orge récoltés au Canada cette année à $289,144,000.00. Pour arriver à la consommation intérieure de ces récoltes nous devons déduire les exportations nettes, i.e., les exportations de tels produits propres, moins toutes importations entrées pour la consommation.

Pour l'année fiscale finissant le 31 mars 1910, les exportations (produits canadiens seulement) ont été

Orge	$ 1,107,732
Avoine..	1,566,612
Blé	52,609,351
Total	$55,283,695

Pour la même période, les exportations entrées pour la consommation ont été de

Orge..	$102,908
Avoine..	27,287
Blé	55,612
Total	$185,807

Déduisant l'un de l'autre, il reste les exportations nettes de $55,097,888. Donc la balance, $234,046,112, ou 81 pour cent du tout réprésente ce qui a été consommé par le marché canadien.

(2) Il faut noter que l'exemple ci-dessus ne concerne que trois produits : blé, avoine, orge.

La computation ci-après embrassera toutes les récoltes.

D'après le Bureau des Statistiques, la valeur totale des récoltes canadiennes, pour 1909 a été de $532,992,100. Pour l'année fiscale finissant le 31 mars 1910, nos exportations de récoltes (produits canadiens seulement) ont donné :

Pour l'Angleterre	$76,427,447
Pour autres pays	14,006,300
Ensemble	$90,433,747

De cette somme, $20,083,959 ont été exportés comme produits manufacturés (farine, gruau) donnant pour l'exportation des produits non manufacturés $70,349,788. Mais encore pour arriver à ces exportations nettes nous devons déduire les importations de céréales non manufacturées évaluées à $12,601,742, réduisant le montant final à $57,748,046. D'après ces statistiques le marché canadien paraît avoir consommé 89-1-5 pour cent de la production totale.

(3) Ni l'un ni l'autre des calculs ci-dessus ne concernent les produits animaux et dans l'absence d'un inventaire annuel montrant la valeur de notre stock de bétail vivant il est difficile de fournir des chiffres satisfaisants. La comparaison suivante est toutefois suggestive. Pour l'année fiscale, finissant le 31 mars 1910, nos exportations de céréales non-manufacturées ont été, comme indiqué ci-dessus, de $70,349,788, ajoutons à ce chiffre nos exportations d'animaux et de produits animaux non manufacturés $43,900,000 et nous trouvons les chiffres totaux de nos exportations des produits de la ferme non manufacturés s'élevant à $114,000,000. En réunissant ces deux résultats nous arrivons seulement, à 21 pour cent de la valeur des céréales seules.

Comme matière de fait la récolte de grain pour l'année dernière, dans la seule province d'Ontario a été d'une valeur de $54,000,000 plus élevée que toutes les exportations fermières du Canada tout entier.

L'honorable James A. Duff, ministre de l'Agriculture d'Ontario, référant à l'annnée qui vient de se terminer, déclare ce qui suit :

" Nous avons eu des récoltes abondantes dans toutes les catégories de produits fermiers, à quelques exceptions près, et avec de bons prix tous les fermiers ont joui d'une prospérité sans précédent mais méritée."

L'Hon. Georges H. Murray, Premier de la Nouvelle-Ecosse, donnant son opinion sur l'année écoulée, dit:

"A l'exception de la récolte de fruits qui a été complètement manquée et de celle des pommes de terre, qui a été, en partie, mauvaise, les récoltes ont été exceptionnellement bonnes et cette année a été l'une des plus prospères dans l'histoire de l'agriculture de la Province de la Nouvelle-Ecosse. Le point saillant dans les ventes de cette année est que nous avons eu quantité beaucoup plus grande de fruits consommés par le marché canadien, plus spécialement dans le Cap-Breton, que jamais auparavant."

M. James A. Roddick, commissaire des produits laitiers au Ministère de l'Agriculture, dit:

"La raison principale de la diminution dans les exportations du beurre et du fromage est l'augmentation de la consommation domestique.

"Je ne vois pas pourquoi nous déplorerions cette diminution dans les exportations. Au contraire nous devrions nous réjouir d'avoir trouvé un nouveau débouché dans l'agrandissement de notre marché domestique — la leçon qui se dégage de ceci pour nous est que nous devons donner plus d'attention à notre marché domestique, qui a déjà plus d'importance qu'on ne l'a généralement reconnu. Nous avons seulement à remarquer que nous consommons dans le Canada, au delà des deux-tiers de notre production laitière totale."

Il faut ajouter que le marché des produits laitiers, au Canada, augmente sur le taux de $2,000,000 par année.

APPENDICE VIII.

Nos importations de produits agricoles.

L'importance excessive qu'attachent à la culture du blé les cultivateurs de l'ouest, jointe à leur répugnance au moins apparente pour la culture générale, a donné lieu à cette anomalie, que le Canada, l'un des plus grands pays agricoles du monde, est devenu un importateur considérable de produits agricoles.

Au dire du "Toronto Globe" (numéro du 2 janvier), voici ce que disait récemment, à ce sujet, M. William Whyte, vice-président du Canadien Pacifique:

"Si jamais il a existé au monde un pays agricole, c'est bien le Manitoba. Notre unique ressource, c'est l'agriculture. Et cependant, cette année, on a importé à Winnipeg plus de douze millions d'oeufs. Pour nos wagons-restaurants, nous faisons venir des poulets de Chicago. Nous importons également de la crème des Etats-Unis."

"Le malheur, c'est que nos cultivateurs ont, si j'ose dire, la folie du blé. Ils ont gagné de l'argent avec leur blé, et d'un autre côté ils manquent de la main-d'oeuvre nécessaire à la culture générale. Ils peuvent s'absenter durant l'hiver,, en laissant au garçon de ferme le soin des chevaux. Tout le monde admet les pertes qui résultent de la culture exclusive du blé. L'agriculteur s'occupe de vendre, non pas ses produits, mais sa terre elle-même. Il ne la laboure pas tant qu'il l'exploite. Il se sert de sa terre, non pas comme on doit le faire d'une terre, mais comme un mineur fait de sa mine. Il en sort tout ce qu'il peut et il n'y remet rien du tout. Si les sécheresses de l'été passé peuvent enseigner enfin au cultivateur à prendre d'autres méthodes et à pratiquer l'agriculture générale, on ne devrait peut-être pas trop regretter la perte d'un partie de nos moissons."

On estime à $31,500,000 la valeur totale d'animaux et de produits agricoles importés au Canada pour y être consommés durant l'exercice fiscal 1910, sans compter les viandes salées, fumées ou "préparées", ni les céréales moulues ou manufacturées.

Comme question de fait, telle est la demande de produits agricoles sur le marché canadien, que nos cultivateurs sont virtuellement incapables d'y suffire.

APPENDICE IX.

L'effet du tarif sur les prix.

Au moins deux directeurs du Conseil Canadien d'Agriculture, M. E.-C. Drury et M. R.-J. MacKenzie, ont affirmé que le manufacturier ajoute invariablement à son prix de vente le plein montant des droits imposés par la douane. Développant ce point, M. MacKenzie déclare :

"D'après le recensement de 1908, on avait manufacturé au Canada, l'année précédente, pour $12,835,745 d'instruments aratoires, dont $2,342,828 pour l'exportation et $10,492,919 pour le marché canadien. On avait importé, durant la même période, pour $1,593,914 d'instruments aratoires, sur lesquels le gouvernement avait perçu 20 p. c. de droits, soit $318,782. On admet maintenant que le manufacturier ajoute à son prix de vente le montant total représenté par la protection que lui accordent les droits de douane. Les cultivateurs du Canada ont aussi payé au gouvernement, en 1907, $318,872 et aux manufacturiers d'instruments aratoires $2,098,383 (Soit 20 p. c. de $10,492,919)...... Pour chaque $100 que paient en taxes les cultivateurs, le gouvernement obtient ainsi 514 et les manufacturiers $86." M. MacKenzie applique le même raisonnement au cuir, aux chaussures et au ciment, pour montrer combien injustement les cultivateurs sont taxés au profit des manufacturiers.

Il suffit de bien peu de réflexion pour découvrir ce qu'a de fallacieux cet argument, car si vraiment le manufacturier canadien prenait pour lui le plein montant de la taxe, comment pourrait-il faire au Canada sept fois plus d'affaires que le manufacturier étranger? Dans le cas des chaussures, cité par M. Mác-Kenzie, la disproportion est encore plus frappante, car nos propres manufacturiers vendent près de vingt fois autant de ces produits au consommateur canadien que ne le font les manufacturiers étrangers. Si, comme on le prétend, ils proposaient au consommateur des conditions égales ou presque égales, ils ne l'emporteraient pas sur leurs rivaux à un tel degré.

Que le manufacturier puisse améliorer la qualité de ses produits et en même temps réduire son prix de vente, cela parait tout d'abord incroyable, mais tout dépend de la quantité de production. Toute exploitation manufacturière, petite ou grande, nécessite une certaine dépense obligatoire : loyer, chauffage, éclairage, assurances, taxes, frais de bureaux, surveillance, etc. Si l'on doit faire face à ces dépenses avec le revenu d'une petite production, il est certain que la proportion attribuable à chaque unité de production sera comparativement haute. Mais si d'un autre côté on peut les répartir sur une grande production, la proportion attribuable à chaque unité de production sera infinie. D'une façon générale, plus la production est élevée, plus est bas le coût de production, et meilleur marché paiera le consommateur : d'où l'avantage d'un tarif qui assure le marché du pays, ou au moins la principale partie de ce marché, au manufacturier du pays.

Quelques exemples suffiront à illustrer la chose.

En 1878, une certaine compagnie de l'Ontario commençait à fabriquer des "buggies". En 1878, elle en vendait environ 30, pour lesquels les cultivateurs payèrent de $100 à $170. L'année dernière elle livrait sur le marché 15,000 véhicules à roues, de diverses sortes, et pouvait donner au cultivateur, pour $85, un bien meilleur "buggy" que celui qu'elle se faisait payer $170 en 1878. En 1878 encore, le prix du sucre était de neuf à dix cents au détail : aujourd'hui il n'atteint pas cinq cents. En 1878, les meilleures lieuses se vendaient de $275 à $300 : aujourd'hui le cultivateur peut se procurer, pour $125, un instrument du même genre plus léger et plus solide à la fois, qui lui durera plus longtemps. En 1878 toujours, les moissonneuses simples se vendaient de $100 à $105 ; aujourd'hui les meilleures de ces machines se détaillent à $60 et $65.

APPENDICE X.

La valeur d'un tarif protecteur pour le cultivateur.

Les membres de l'Association des Manufacturiers Canadiens ont constamment soutenu qu'un tarif concernant les produits de la ferme, pourrait améliorer considérablement la condition de l'agriculture en général. A ce sujet, M. C. C. Ballantyne, parlant comme président de l'Association en 1906, prononçait les paroles suivantes, qui, en face des événements survenus depuis, apparaissent d'une clairvoyance presque prophétique. Voici ce qu'il disait:

"Un droit de 25 p. c. écarte du marché américain notre graine de lin. Pourquoi nos cultivateurs canadiens ne demandent-ils pas à notre gouvernement d'imposer un droit sur le lin étranger, afin de leur assurer le marché du pays auquel ils ont justement droit?. Il se consomme au Canada d'un million et demi à deux millions et demi de minots de lin par année: pourquoi se sert-on ainsi d'un million ou plus de minots de grain étranger, au lieu d'employer du lin "poussé au Canada", ici même dans l'Ouest, et le meilleur qui soit produit?

"Je voudrais montrer aux intelligents cultivateurs de l'Ouest que les cultivateurs américains trouvent plus profitable de cultiver le lin que de cultiver le blé, et j'espère que, lorsque se fera la révision du tarif, on imposera un droit sur le lin, pour le plus grand bénéfice du cultivateur, et que tout le lin dont on se servira au Canada sera du lin "poussé au Canada".

Jusqu'en 1907, la quantité de lin importée au Canada sans droits de douane, ainsi que les chiffres des deux années précédentes, indiquent que nous sommes un pays importateur:

	Importation Nombre de Minots	Exportation Nombre de Minots	Canadien Valeur
1905..	176,887	314	$ 479
1906 (déduction faite des exportations de l'étranger	711,138	2,824	3,328

	Importation Nombre de Minots	Exportation Nombre Minots	Canadien Valeur
1908 (déduction faite des exportations de l'étranger)..	495,154	10,997	$ 15,098
1909　　　do	288,467	693,779	855,908
1910　　　do	4,344	1,997,648	3,642,476

A la fin de 1907, un droit de 10 cents par minot protégeait le lin, et pendant les trois années suivantes, comme il ressort des chiffres suivants, nos importations tombèrent virtuellement à zéro, tandis que nos exportations atteignaient les millions.

Et pourtant, on vient encore prétendre, de la part des cultivateurs, qu'un tarif élevé sur leurs produits ne peut leur être que de peu de valeur.

APPENDICE XI.

Les cultivateurs désirent-ils réellement la réciprocité ou le libre-échange?

Quoi que l'on n'ait tenté encore aucun effort en vue d'organiser les cultivateurs dont les vues ne s'accordent pas avec celles du Conseil Canadien d'Agriculture, il parait probable, d'après beaucoup d'opinions exprimées de ci de là à cet égard, que les cultivateurs sont plus en faveur de la stabilité du tarif qu'on ne le suppose généralement.

Le "Globe" du 2 décembre 1910, par exemple, prête aux cultivateurs de Wentworth ce langage:

"Nous serions enchantés de voir le libre-échange établi universellement; mais, aussi longtemps que les Etats-Unis et d'autres pays s'en tiendront au principe opposé, nous devrons protéger nos propres intérêts en nous pliant aux circonstances, ce que le tarif actuel, croyons-nous, réussit à faire.

"Si l'abolition des droits sur les instruments aratoires et autres produits nécessaires aux cultivateurs devait nous en assurer la fabrication continuelle et permanente au Canada, et si en même temps nous pouvions percevoir par ailleurs les revenus nécessaires à l'Etat, nous serions également enchantés; mais, comme il est démontré par l'expérience que cela est tout à fait improbable. nous sommes d'avis que nous serions mieux de nous en tenir aux principes qui ont fait jusqu'ici la prospérité du pays.

"D'après nous, la première chose qu'il y aurait à faire, dans toutes négociations de réciprocité, serait de demander au pays voisin d'abaisser d'abord son tarif au niveau du nôtre. Cela pour commencer. Ensuite on pourrait accorder concession par concession, toujours à avantage au moins égal pour le Canada. Au cas où cette tentative ne réussirait point, on ferait peut-être une erreur en abaissant quand même le tarif, malgré la prospérité éclatante dont nous jouissons. De fait, nous croyons qu'une légère augmentation sur quelques-uns de nos instruments aratoires serait d'un énorme avantage au pays sans aucun inconvénient sensible pour aucune classe de la société."

Des cultivateurs canadiens-français en désaccord avec le Conseil d'Agriculture, et qui assistaient à l'assemblée de cette association à Ottawa. transmirent la déclaration suivante à la presse après cette assemblée, où on avait refusé d'écouter leurs protestations :

"La province de Québec est satisfaite du tarif actuel et ne demande aucune révision. Elle devient de plus en plus centre industriel, et, de plus en plus, attire vers ses villes et villages une population qui crée une vaste demande pour les produits agricoles.

"Nous croyons qu'il est du devoir du gouvernement de protéger notre marché contre la concurrence américaine. Les cultivateurs de l'Ouest ne peuvent guère désirer nuire à ceux de l'Est quand ils réclament un abaissement de tarif, qui conduirait à la ruine de notre marché et de nos industries. Il ne s'agit pas ici d'une lutte entre deux régions du Canada, mais bien d'une question nationale.

Des pétitions semblables furent signées par une demi-douzaine de sociétés d'agriculture de la province de Québec.

Voici, de leur côté, la résolution qu'adoptaient, à l'unanimité, les Fruit-Growers de l'Ontario :

RESOLU.—Qu'en vue de négociations possibles avec les Etats-Unis au sujet d'un tarif de réciprocité l'Association des Fruit-Growers de l'Ontario désire exprimer sa désapprobation de tout abaissement de droits sur les fruits importés au Canada, à moins qu'on n'ait consulté d'avance, le comité qui sera nommé à ce sujet par l'Association.

"Les droits sur ces articles sont maintenant beaucoup plus bas que les droits sur les produits manufacturés et plus bas qu'ils ne devraient être en vue du fait qu'il ne fait aucun monopole ni aucune "combine" dans le commerce des fruits, dont le prix est déterminé de façon absolue par la loi de l'offre et de la demande."

De son côté l'Association des Vegetable Growers de Winnipeg envoyait au gouvernement ce mémoire :

"Au Très Honorable Sir Wilfrid Laurier, premier-ministre du Canada, et aux membres de la Chambre des Communes, à Ottawa :

"Nous, les membres de la Société d'Agriculture Kildonan et Saint-Paul, réunis en assemblée annuelle, désirons humblement soumettre à votre honorable corps combien est importante pour nous la taxe actuellement existant sur les légumes verts importés des Etats-Unis à Winnipeg. Nous vous envoyons donc cette pétition, pour vous prier de laisser subsister cette taxe, et espérons sincèrement que votre gouvernement ne la fera point disparaitre, ainsi que l'ont demandé les marchands de gros de Winnipeg à la session de 1909, car ce serait vraiment là le meilleur moyen de priver nos jardiniers d'une grande partie de leurs profits, et même d'en ruiner un grand nombre."

Il y a quelques jours à peine, les journaux de l'Est publiaient la dépêche suivante, de Victoria, Colombie-Anglaise.

"Le Central Farmers' Institute, réuni ici aujourd'hui en convention annuelle, a adopté, à l'unanimité des quarante délégués présents, venus de toutes les parties de la Colombie-Anglaise, une résolution exprimant la crainte de voir aboutir le mouvement des Grain-Growers en faveur de la réciprocité...."

M. DEACON, de Winnipeg.

M. Russell pria ensuite M. T. R. Deacon, de Winnipeg, d'exposer quelques faits et de présenter ses observations selon le point de vue de l'Ouest.

M. Deacon, de Winnipeg.—"L'inclémence de la température m'a empêché d'arriver plus tôt en ville. Jusqu'au dernier moment on pensait que le maire de Winnipeg viendrait ici exposer nos vues.

"Grâce à la vigoureuse politique d'immigration, inaugurée par notre gouvernement, il y a quelques années, le Canada est enfin arrivé au jour, depuis si longtemps attendu, où notre grande région de l'Ouest se remplit d'habitants. Comme vous le savez, la topographie de notre pays est très variée. Nous avons des rivières, des lacs, des coteaux et des vallées, des montagnes et des plaines et, afin que ce pays puisse se développer avec symétrie, nous — les gens de l'Ouest — pensons nécessaire que les occupations de notre population soient aussi variées que la topographie des lieux qu'elle habite. Si nous avions tous une uniforme occupation, si chacun devenait cultivateur, ou manufacturier, ou commerçant de bois, ou mineur, jamais notre pays ne se développerait comme il le devrait, jamais il ne deviendrait grand.

On a mis en avant, Sir, que l'Ouest ne s'intéressait pas aux manufacturiers et que dans l'ouest nous ne nous intéressions qu'à la production du blé. Cette assertion est loin, très loin d'être exacte. Je doute fort que la majorité de l'Ouest soit en faveur du maintien des conditions actuelles. Chaque année se produit un immense afflux dans l'Ouest de 20,000 à 30,000 hommes, qui viennent aider pour la moisson. Tous les travaux agricoles sont pratiquement suspendus, dans l'ouest, pendant cinq ou six mois chaque année. Comme cette vague humaine qui envahit l'Ouest au moment de la moisson laisse un grand nombre d'hommes sans emploi dans l'Ouest, ces hommes se dispersent naturellement dans les villes et les districts et dans toutes ces villes et cités de la tête des lacs à la côte, il faut faire face à la difficulté toujours croissante de nourrir ces hommes pendant l'hiver. C'est pourquoi, dans toutes ces villes et cités, des sociétés se sont organisées pour développer le mouvement industriel, dans le pays et lui ont fait faire un très grand progrès. Fort William et Port Arthur ont assumé de très grandes responsabilités financières pour amener des manufacturiers, à s'installer dans leurs villes et à assurer, ainsi, de l'ouvrage à leurs ouvriers pendant l'hiver. La ville de Winnipeg a dépensé $4,000,000; somme plus forte, je puis le dire, que celle que toute la province d'Ontario a dépensé pour son projet de pouvoir Hydro-Electrique; dans le seul but de fournir à Winnipeg un pouvoir d'eau à bon marché, afin de développer nos manufactures. L'idée a prévalu que Winnipeg n'était pas une ville industrielle. Cela était vrai, il y a quelques années, mais la situation a changé rapidement. Nous avons eu, récemment, un recensement, bona fide, des établissements manufacturiers d'ici et j'ai une petite statistique, indiquant qu'il y a 241 établissements manufacturiers à Winnipeg, avec l'adresse de ces établissements et la classe de produits qui s'y manufacturent, de sorte qu'il ne se trouve pas d'appréhension, à ce sujet. Nous avons ouvert un crédit qui atteint actuellement $26,000,000, dans la seule ville de Winnipeg et, à l'époque du recensement, il y a peu de temps, nous avions encore, 10,800 mains à l'ouvrage. Les prévisions indiquent que le bénéfice de ces établissements doit, cette année s'élever à $36,000,000. J'espère que l'on m'excusera de référer moi-même à la ligne dans laquelle je me suis engagé. J'en agis ainsi parceque je suis plus familier avec cette ligne. Mais je pourrais dire, aussi, que cela est strictement exact dans toutes les lignes de manufactures de cette ville.

Il y a quelques sept ou huit ans, je vins à Winnipeg et j'installai une fonderie ici. Nous avons agrandi graduellement, à mesure que nous pouvions vaincre les difficultés physiques, et les exigences du climat et autres inconvénients que l'on suppose devoir s'opposer à ce que l'ouest demeure un pays manufacturier. Et, avec l'expérience, nous avons vu que nous pouvions établir des manufactures avec profit. Nous avons vu, par la suite, que nous étions exposés à la concurrence de la part de villes comme Minneapolis et St-Paul, qui se trouvent juste au sud de nous et dont les industries se sont grandement développées, Milwaukee, Chicago, Détroit et les villes du centre des Etats de l'Ouest. Après la révision du tarif en 1907, nous avons compris que la stabilité pouvait exister pendant un grand nombre d'années. Sur cette base, notre Compagnie se mit à l'oeuvre et établit un atelier pour la construction des ponts et édifices en fer, entraînant une dépense pour les constructions, l'installation et la machinerie, de $225,000, créant un emplacement pour quatre cents hommes. Nous avons conduit cette entreprise à bonne fin.

S'il y avait une réduction importante ou même perceptible de ce tarif, nous pourrions être immédiatement ruinés. Nous devons amener notre coke de quinze cent milles, de la Pensylvanie ainsi que le charbon avec lequel nous chauffons nos établissements. Et beaucoup d'autres industries sont dans la même position, de fait, pratiquement toutes les autres industries, dans la ville de Winnipeg sont dans la même situation. Actuellement un grand nombre de sociétés des Etats-Unis font des enquêtes, dans le but d'établir des établissements industriels ici. Le secrétaire du Bureau des Industries m'a dit, peu de temps avant mon départ de Winnipeg, qu'il y avait environ 230 enquêtes de ce genre mais que la plupart de celles-ci avaient surtout pour but de voir ce qu'il y aurait à faire, en rapport, avec les négociations de réciprocité.

Non seulement Winnipeg, mais pratiquement toutes les autres villes de l'Ouest développent, rapidement, leurs industries manufacturières. Brandon et plusieurs manufactures importantes. Une manufacture américaine employant l'argile, s'est établie à Medicine Hat, et est très prospère. Des laminoirs ont été construits à Medicine Hat, par des Américains qui ont aussi installé à Winnipeg, des laminoirs qui sont maintenant en pleine opération. A Calgary, se trouvent d'importantes fabriques de ciment et des minoteries. Toutes ces villes travaillent avec activité, à l'installation de ces industries, qui feront vivre les ouvriers sans ouvrage, pendant l'hiver. Les manufactures s'installeront, naturellement, où elles trouveront un marché et la prospérité de ce marché fait disparaître beaucoup d'autres obstacles. Il est vrai que nous sommes quelque peu éloignés des sources de notre matériel, mais cet inconvénient est largement compensé par le marché que nous avons à notre porte et le contact que nous avons avec nos clients.

C'est notre opinion et, je crois, l'opinion de l'ouest et certainement, des industries manufacturières, que tout abaissement dans le tarif nous causerait un dommage considérable ainsi qu'aux industries que nous avons entreprises. Parlant spécialement, au nom des manufacturiers de l'Ouest, j'espère que rien de cela n'arrivera. Actuellement, la prospérité règne dans le pays. Tout homme honnête et bien portant peut trouver du travail dans l'Ouest, avec les salaires les plus élevés, je crois de tout le monde civilisé. Les revenus de ce pays augmentent sans cesse et son crédit est excellent, la machine est en bonne opération. Et nous pensons que la superbe politique d'immigration, qui a été suivie par le gouvernement, dans le passé, devrait être continuée et que la stabilité, sans toucher aux conditions industrielles actuelles, sera largement obtenue.

REPONSE DU PREMIER MINISTRE

Sir Wilfrid Laurier:—M. Rowley, et Messieurs de la Délégation:—Je n'ai pas besoin de vous rappeler que nous sommes dans un pays démocratique, et que nous avons à la tête des affaires un gouvernement démocratique. Ceci veut dire que c'est le désir, le souhait, l'aspiration du gouvernement actuel de gérer les affaires du pays, depuis qu'il a plu au peuple de placer ses affaires entre nos mains, de manière à rencontrer, en autant que possible l'opinion publique et pour le bénéfice de toutes les différentes classes qui composent notre peuple. Vous agréerez avec moi que la tâche n'est pas tout à fait facile. Je n'ai pas besoin de vous dire, Messieurs, que c'est pour le gouvernement un grand plaisir et un grand avantage de recevoir une délégation aussi importante représentant un corps de la communauté aussi influent et aussi important que nous avons maintenant devant nous. Notre joie aurait été encore plus grande si, au lieu de vous avoir devant nous en ce jour, le treizième du mois de janvier, nous avions eu ce privilège il y a environ un mois, le seize décembre alors que nous recevions une délégation d'une autre classe de la communauté, laquelle représentait les besoins du pays comme elle le comprenait, et les présentait sous un jour quelque peu différent de celui sous lequel ces besoins nous sont maintenant présentés. Il aurait été plus agréable et peut-être plus avantageux pour le gouvernement et le pays en général si nous avions eu ces deux classes de la communauté, les agriculteurs de l'Ouest d'un côté, et les manufacturiers de tout le pays, et pouvoir nous efforcer de concilier les différents points de vue soumis à nous sur la politique à suivre, de manière à procurer au Canada la plus grande somme de bien. Les agriculteurs que nous avions devant nous il y a un mois déclaraient emphatiquement que nous devrions avoir avec nos voisins du Sud une politique différente de celle qui a prévalu pendant nombre d'années dans le passé, que nous devrions nous efforcer d'avoir une liberté plus grande, aussi étendue que possible de commerce réciproque avec eux. Vous, messieurs, prenez un autre point de vue; et, si je vous comprends bien, votre but serait de nous faire comprendre que nous devrions absolument rien faire en ce sens avec nos voisins. La difficulté pour le gouvernement va être de tirer une ligne et de savoir qui écouter,—devrons-nous suivre l'opinion que nous avons entendu il y a un mois, ou prêter attention aux idées que nous avons en l'occasion présente? Le gouvernement pense qu'il est possible—cela peut se faire—d'adopter quelques mesures de réciprocité sans faire de tort aux agriculteurs qui les ont demandées, aux manufacturiers qui y sont opposés. Nous avons inauguré, il y a quelques années, la politique de ne pas faire d'autres avances à Washington en faveur de la réciprocité commerciale. Vous vous rappellerez que, il y a plusieurs années, alors que le traité de réciprocité fait en 1854 a été aboli, de nombreux efforts ont été fait par le gouvernement d'alors pour obtenir un renouvellement de ce traité. Lorsque nous-mêmes nous avons pris les affaires en mains, nous avons fait des avances aux autorités américaines. Ces avances n'ont pas été reçues favorablement, et de ce jour nous avons dit que nous n'en ferions plus; et nous n'en avons pas fait. Mais, lorsque nous déclarions que nous ne ferions plus d'avances, ce n'était pas notre intention de repousser celles qu'on nous ferait. Nous avons reçu, au printemps dernier, des avances pour un nouveau système de réciprocité entre les deux nations qui peuplent maintenant le continent nord américain. Alors que nous recevions ces avances, et que nous pensions qu'il n'était pas contraire aux meilleurs intérêts du pays de les refuser, je puis dire que lorsque nous les avons reçues et que nous avons accepté l'invitation de rencontrer nos voisins américains, dans le but de discuter les relations commerciales existantes, nous n'avons pas oublié le fait que les américains avaient, sous le rapport de l'industrie, une grande avance sur nous, qu'ils avaient été plus longtemps en affaires et avaient une population plus grande, et que les conditions ne sont pas

les mêmes dans l'un et dans l'autre. Messieurs Fielding et Paterson sont maintenant à Washington dans ce but. Et, les connaissant comme vous les connaissez,
vous pouvez compter qu'il n'oublieront pas mais dans ces négociations ils auront
toujours présent à l'esprit le fait, qu'il n'existe pas de similitude entre les deux
nations dans leur développement commercial. En même temps, je ne puis pour
ma part, fermer mes yeux sur le fait—et je vous le dis franchement—que je
conçois qu'il est possible de faire quelqu'arrangement avec nos voisins qui ne
nuira pas à la classe industrielle. Dans le mémoire lu par M. Russell, il y avait
un point qui a attiré mon attention dans le temps et lequel exprime beaucoup
les sentiments qui nous guident en ce moment. Ce point est le suivant: "Et
c'est pourquoi nous vous disons, monsieur, en terminant cette expression de nos
vues, que nous sommes opposés dans les circonstances présentes, à toute réduction de tarif ou traité de commerce qui exerceraient une influence d'instabilité
sur les conditions de progrès que nous obtenons présentement." Ces sentiments,
je puis les rendre de la même manière. Nous sommes opposés à conclure aucun
arrangement qui rendrait incertaines "les conditions de prospérité dons nous
jouissons". Il y a une chose, je pense, dont ce gouvernement peut être fier,
c'est que nous avons été très prudents, lorsque nous avons eu à faire des réformes, de ne pas troubler les conditions qui prévalaient dans les relations avec les
intérêts manufacturiers du pays, lorsque nous sommes venus en charge nous
avons promis de réformer le tarif, en faisant cette réforme, nous avons été très
soigneux de ne pas troubler les conditions. Et je puis dire que, dans mon hum-
ble opinion, que les meilleures réformes peuvent être accomplies de telle manière
à pouvoir faire autant de mal que de bien. C'est pourquoi il est d'un bon gouvernement, lorsqu'il fait des réformes lorsqu'elles sont nécessaires, de ne pas les
accomplir de manière à amener un révolution plutôt que d'aider une évolution,
Et je pense, que, s'il y avait deux hommes dans le gouvernement—non, je devrais
dire s'il y avait deux hommes dans la communauté—sur lesquels on peut compter
pour ne rien faire d'incertain dans les conditions de tarif avec nos voisins américains, ces deux hommes sont les commissaires canadiens Messieurs Fielding et
Patterson. Les intérêts du public sont, je pense, assurés entre leurs mains, et
je crois pouvoir vous prendre à témoins, Messieurs, qu'en faisant cette déclaration je ne fais que rendre justice à ces deux hommes et au Gouvernemnet
tout entier.

M. Rowley:—Sir Wilfrid et Messieurs les membres du gouvernement, je
vous remercie sincèrement pour la belle réception que vous nous avez faite, pour
votre réponse.

MEMBRES DE LA DELEGATION

W. H. Rowley .. .. ..The E. B. Eddy Co., Limited .. .. ..Hull, Qué.

N. Curry .. ..The Canadian Car & Foundry Co.,
Limited .. ..Montréal.

T. A. Russell .. .. Canada Cycle & Motor Co., Limited..West Toronto.

Geo. Pattinson.. .. .. ..George Pattinson & Co. .. ..Preston, Ont.

Geo. D. Forbes .. .. .. The R. Forbes Co., Limited .: .. ..Hespeler, Ont.

Geo. C. H. Lang .. .. The Lang Tanning Co., Limited .. ..Berlin.

T. B. Caldwell .. .. .. Boyd Caldwell & Company .. .. ..Lanark, Ont.

J. Kerr Osborne.. .. .. Massey-Harris Co., Limited .. .. ..Toronto.

R. Harmer .. ..Sawyer & Massey Co., Limited .. ..Hamilton, Ont.

R. McLaughlin .. .. ..McLaughlin Carriage Co., Limited..Oshawa, Ont.

W. K. George .. .. Standard Silver Co., Limited .. .. ..Toronto.

Thos. Cantley .. .. .. Nova Scotia Steel & Coal Co.,
Limited .. ..New Glasgow.

M. J. Butler .. ..Dominion Iron & Steel Co., Limited.Sydney, N. E.

W. S. Fisher .. ..Enterprise Foundry Co., Limited ..Sackville, N.B.

H. Cockshutt .. ..Cockshutt Plow Co., Limited .. .. ..Brantford.

W. M. Gartshore .. .. The McClary Manufacturing Company .. ..London, Ont.

Denis Murphy .. .. .. Brunette Saw Mill Co., Limited .. ..New Westminster.

Alex. Maclaren .. .. .. The North Pacific Lumber Co.,
Limited .. ..Barnet, C. A.

Wm. Thoburn, M.P. .. Wm. Thoburn .. ..Almonte, Ont.

Hon. Wm. Harty, M.P. Canadian Locomotive Co., Limited ..Kingston, Ont.

Frederick Nicholls .. .. Canadian General Electric Co.,
Limited .. ..Toronto.

Geo. Goldie .. .. Canadian Cereal & Milling Co.,
Limited .. ..Toronto.

J. H. Plummer .. .. .. Dominion Iron & Steel Co., Limited .Toronto.

D. R. Ker .. .. Brackman-Ker Milling Co., Limited .Victoria, C. A.

Cyrus A. Birge .. .. .. Steel Company of Canada, Limited ..Hamilton, Ont.

Frank Moss .. .. The Preston Furniture Co., Limited .Preston, Ont.

D. A. Gordon, M.P. .. Dominion Sugars, Limited .. ..Wallaceburg, Ont.

C. C. Ballantyne .. .. .. The Sherwin-Williams Company. .. Montréal.

J. S. N. Dougall .. .. .. The Dougall Varnish Co., Limited.. Montréal.

Col. Robert Gardner .. Robert Gardner & Son, Limited.. .. Montréal.

J. C. Ritchie .. .. The John Ritchie Co., Limited .. .. Québec.

Geo. McQuay .. .. .. The McQuary Tanning Co., Limited. Owen Sound, Ont.

Alex. Goldie .. .. .. Goldie & McCulloch Co., Limited .. Galt, Ont.

F. H. Whitton .. .. .. The Steel Company of Canada,
Limited .. .. Hamilton, Ont.

C. B. Gordon.. .. .. .. Dominion Textile Co., Limited .. .. Montréal.

W. J. Boyd .. .. W. J. Boyd Candy Company .. .. .. Winnipeg.

W. J. Bulman .. .. .. Bulman Brothers, Limited .. .. Winnipeg.

T. R. Deacon .. .. .. Manitoba Bridge & Iron Works
Limited .. .. Winnipeg.

T. Banbury .. .. Regina Planing Mill .. .. · .. .. .. Régina, Sask.

H. R. Drummond .. .. Canada Sugar Refining Co., Limited. Montréal.

J. C. Casavant .. .. .. Casavant Frères .. .. St-Hyacinthe.

F. P. Jones .. .. Canada Cement Co., Limited.. .. .. Montréal.

John Fisk .. .. Fisk, Limited .. .. Montréal.

John Irving .. .. Nova Scotia Steel & Coal Co., Limited New Glasgow.

F. R. Lalor, M.P. .. .. Monarch Knitting Co., Limited .. .. Dunnville, Ont.

J. M. Briar .. .. Brandon Machine Works .. .. Brandon, Man.

J. R. Booth .. .. J. R. Booth .. .. Ottawa.

W. J. Murray .. .. .. Chapman Double Ball Bearing Co.,
Limited .. .. · .. .. .. Toronto.

R. J. Younge .. .. .. Canadian Rubber Co., Limited .. .. Montréal.